大方廣佛華嚴經 讀誦

1

🌸 일러두기

1. 『독송본 한문·한글역 대방광불화엄경』은 실차난타가 한역(695~699)한 80권 『대방광불화엄경』의 한문 원문과 한글역을 함께 수록한 것이다. 한문에는 음사와 현토를 부기하였다.

2. 원문의 저본은 고종 2년(1865) 월정사에서 인경한 고려대장경 『대방광불화엄경』에 한암 스님이 현토(1949년)한 것을 범룡 스님이 영인 출판(1990년)한 『대방광불화엄경』이다.

3. 한문은 저본에서 누락되었거나 글자가 다르다고 판단된 부분은 저본인 고려대장경 각권의 말미에 교감되어 있는 내용을 중심으로 하고 봉은사판 『대방광불화엄경수소연의초』와 신수대장경 각주에서 밝힌 교감본을 참조하여 보입하고 수정하였다.

4. 한글 번역은 동국역경원에서 발간한 한글 『대방광불화엄경』(운허)을 중심으로 하고 『신화엄경합론』(탄허)과 『대방광불화엄경 강설』(여천무비) 그리고 최근의 여타 번역본 등을 참조하였다.

5. 저본의 원문에서 이체자의 경우 훈글이 제공하는 이체자는 그대로 살리고 훈글이 제공하지 않는 글자는 통용되는 정자로 바꾸었다. 예) 閒 → 閑 / 焔 → 燄 / 宮 → 宮 / 偁 → 稱

6. 한글 번역은 독송과 사경을 위하여 정확성과 아울러 가독성을 고려하였다. 극존칭은 부처님과 불경계에 대해서만 사용하였다.

7. 독송본의 차례는 일러두기 → 본문 → 화엄경 목차 → 간행사의 순차이다.
   (법공양판에는 간행사 다음에 간행불사 동참자를 밝혀 두었다.)

8. 독송본의 한글역은 사경의 편의를 도모하기 위해 그 편집을 달리하여 『사경본 한글역 대방광불화엄경』으로 함께 간행한다. 독송본과 사경본 모두 80권 『대방광불화엄경』의 권별 목차 순으로 간행한다.

독송본 한문 · 한글역

대방광불화엄경 제1권
大方廣佛華嚴經 卷第一

1. 세주묘엄품 [1]
世主妙嚴品 第一之一

실차난타 한역
수미해주 한글역

①

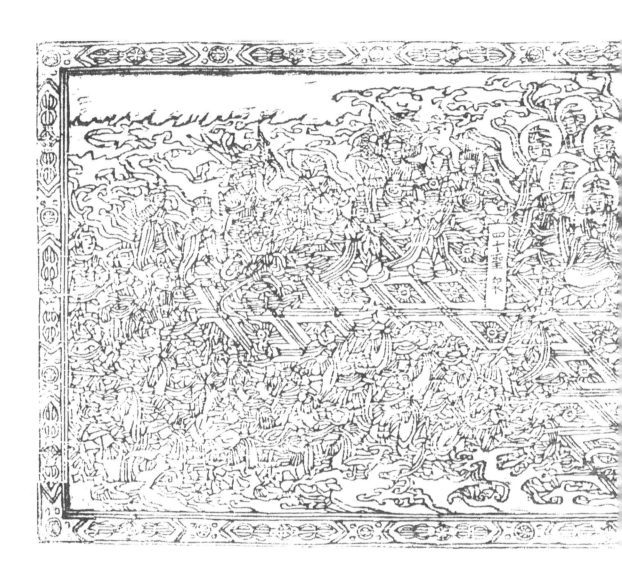

大方廣佛華嚴經第一卷

대방광불화엄경 제1권 변상도

대방광불화엄경

제1권

1. 세주묘엄품 [1]

대방광불화엄경 권제일
大方廣佛華嚴經　卷第一

세주묘엄품　제일지일
世主妙嚴品　第一之一

여시아문　　　　일시　　　불　　재 마 갈 제 국 아 란
如是我聞하사오니 **一時**에 **佛**이 **在摩竭提國阿蘭**

야법보리장중　　　시성정각
若法菩提場中하사 **始成正覺**하시니라

기지　　　견고　　　금강소성　　　　상묘보륜　　급
其地가 **堅固**하야 **金剛所成**이어든 **上妙寶輪**과 **及**

중보화　청정마니　이위엄식　　제색상해
衆寶華와 **淸淨摩尼**로 **以爲嚴飾**하고 **諸色相海**가

1

대방광불화엄경 제1권

1. 세주묘엄품 [1]

이와 같은 말씀을 내가 들었다.

어느 때 부처님께서 마갈제국의 아란야법 보리도량에서 비로소 정각을 이루셨다.

그 땅은 견고하여 금강으로 이루어졌다. 가장 미묘한 보배 바퀴와 온갖 보배 꽃과 청정한 마니로 장엄되고, 모든 색상바다가 끝없이

무변현현　　마니위당　　상방광명　　항출
無邊顯現하며 摩尼爲幢하야 常放光明하고 恒出

묘음　　중보라망　　묘향화영　　주잡수포
妙音하며 衆寶羅網과 妙香華纓이 周帀垂布하고

마니보왕　　변현자재　　우무진보　　급중묘
摩尼寶王이 變現自在하며 雨無盡寶와 及衆妙

화　　분산어지　　보수　　항렬　　지엽광
華하야 分散於地하며 寶樹가 行列하고 枝葉光

무　　불신력고　　영차도량일체장엄　　어중
茂어든 佛神力故로 令此道場一切莊嚴이 於中

영현
影現하나라

기보리수　　고현수특　　금강위신　　유리
其菩提樹가 高顯殊特하야 金剛爲身하고 瑠璃

위간　　중잡묘보　　이위지조　　보엽부
爲幹하며 衆雜妙寶로 以爲枝條하고 寶葉扶

나타났다.

 마니로 된 깃대가 항상 광명을 놓고 언제나 미묘한 소리를 내며, 온갖 보배 그물과 미묘한 향기 나는 꽃다발이 두루두루 드리우고, 마니 보배왕이 변화하여 나타남이 자재하였다. 다함없는 보배와 온갖 미묘한 꽃이 비 내려 땅에 흩어졌으며, 보배 나무가 줄지어 서있고 가지와 잎이 무성하게 빛나고 있었다. 부처님의 위신력으로 이 도량의 일체 장엄이 그 가운데서 영상으로 나타나게 하였다.

 그 보리수는 높이 솟아 특수하였다. 금강으로 밑동이 되고 유리로 줄기가 되며 온갖 미묘

소　　수음여운　　보화잡색　　분지포영
疎하야 垂蔭如雲하고 寶華雜色으로 分枝布影하니라

부이마니　　이위기과　　함휘발염　　여화
復以摩尼로 而爲其果하야 含輝發燄하고 與華

간열　　기수주원　　함방광명　　어광명중
間列하며 其樹周圓은 咸放光明하며 於光明中에

우마니보　　마니보내　　유제보살　　기중
雨摩尼寶하며 摩尼寶內에 有諸菩薩하야 其衆

여운　　구시출현　　우이여래위신력고
如雲하야 俱時出現하니라 又以如來威神力故로

기보리수　　항출묘음　　설종종법　　무유
其菩提樹가 恒出妙音하야 說種種法호대 無有

진극
盡極하니라

여래소처　　궁전누각　　광박엄려　　충변
如來所處의 宮殿樓閣이 廣博嚴麗하야 充徧

한 보배로 가지가 되었다. 보배 잎은 무성하여 그늘을 드리운 것이 구름과 같고, 보배 꽃은 가지각색으로 가지마다 분포하여 그림자를 드리웠다. 또 마니로 그 열매가 되어 빛을 머금고 불꽃을 내며 꽃들 사이에 늘어서있었다.

그 나무 둘레에서 모두 광명을 놓으며, 광명 가운데서 마니 보배를 비 내리며, 마니 보배 안에 모든 보살들이 있어서 그 대중들이 구름처럼 함께 출현하였다. 또한 여래의 위신력으로 그 보리수가 항상 미묘한 음성을 내어 갖가지 법을 설하는데 끝까지 다함이 없었다.

여래께서 거처하시는 궁전과 누각은 매우 넓

시방　　중색마니지소집성　　종종보화
十方이어든 衆色摩尼之所集成이라 種種寶華로

이위장교　　제장엄구　　유광여운　　종궁
以爲莊校하며 諸莊嚴具가 流光如雲하며 從宮

전간　　췌영성당
殿間으로 萃影成幢하니라

무변보살　　도량중회　　함집기소　　이능출
無邊菩薩과 道場衆會가 咸集其所하며 以能出

현제불광명　　부사의음　　마니보왕　　이위
現諸佛光明과 不思議音의 摩尼寶王으로 而爲

기망　　여래자재신통지력　　소유경계
其網이어든 如來自在神通之力으로 所有境界가

개종중출　　일체중생　　거처옥택　　개어차
皆從中出하며 一切衆生의 居處屋宅이 皆於此

중　　현기영상　　우이제불신력소가　　일
中에 現其影像하니라 又以諸佛神力所加로 一

고 장엄하고 화려하여 시방세계에 두루 가득한데, 온갖 색의 마니로 이루어졌다. 갖가지 보배 꽃으로 장엄되고, 모든 장엄구가 광명을 쏟아냄이 구름 같으며, 궁전 사이로 그림자가 모여 깃대가 되었다.

가없는 보살들과 도량의 대중모임이 다 그곳에 모였으며 모든 부처님의 광명과 부사의한 소리를 나타내는 마니보배왕으로 그 그물이 되었다. 여래의 자재하신 신통력으로 있는 바 경계가 다 그 가운데서 나왔으며, 일체 중생이 거처하는 집들도 다 이 가운데 그 영상을 나타내었다. 또 모든 부처님의 위신력으로 가피

념지간　　실포법계
念之間에　悉包法界하니라

기사자좌　　고광묘호　　　마니위대　　　연화
其師子座가　高廣妙好어든　摩尼爲臺하고　蓮華

위망　　　청정묘보　　이위기륜　　　중색잡화
爲網하며　清淨妙寶로　以爲其輪하며　衆色雜華로

이작영락　　　당사누각　　계체호유　　범제물
而作瓔珞하고　堂榭樓閣과　階砌戶牖의　凡諸物

상　　비체장엄　　　보수지과　　주회간열　　　마
像이　備體莊嚴하며　寶樹枝果가　周迴間列하며　摩

니광운　　호상조요　　　시방제불　　화현주옥
尼光雲이　互相照耀하며　十方諸佛이　化現珠玉에

일체보살　　계중묘보　　실방광명　　　이래영
一切菩薩의　髻中妙寶가　悉放光明하야　而來瑩

촉
燭하니라

를 내리셔서 한순간에 법계를 다 둘러쌌다.

  그 사자좌는 높고 넓으며 미묘하게 아름다웠다. 마니로 좌대가 되고 연꽃으로 그물이 되며 청정하고 미묘한 보배로 그 바퀴가 되며 온갖 색의 여러 꽃으로 영락이 되고, 당우와 정자와 누각과 섬돌과 창문의 모든 물상들이 격식을 갖추어 장엄되어있고, 보배 나무의 가지와 열매가 두루 돌아가며 사이마다 펼쳐져있었다. 마니의 광명구름이 서로서로 밝게 비추며, 시방의 모든 부처님께서 화현하신 구슬에는 일체 보살들의 상투 가운데 미묘한 보배가 다 광명을 놓아 밝게 비추었다.

부이제불위신소지　　연설여래광대경계
復以諸佛威神所持로 演說如來廣大境界하시니

묘음　하창　　무처불급
妙音이 遐暢하야 無處不及이러라

이시　세존　처우차좌　　어일체법　성최
爾時에 世尊이 處于此座하사 於一切法에 成最

정각　　지입삼세　　실개평등　기신
正覺하시니 智入三世하야 悉皆平等하시며 其身이

충만일체세간　　기음　보순시방국토
充滿一切世間하시며 其音이 普順十方國土하시니

비여허공　구함중상　어제경계　무소분
譬如虛空이 具含衆像호대 於諸境界에 無所分

별　우여허공　보변일체　어제국토　평
別하고 又如虛空이 普徧一切호대 於諸國土에 平

등수입
等隨入하니라

또 모든 부처님의 위신력으로 여래의 광대한 경계를 연설하니, 미묘한 음성이 멀리 퍼져 미치지 않는 곳이 없었다.

그 때에 세존께서 이 사자좌에 앉으셔서 일체 법에 가장 바른 깨달음을 이루셨다. 지혜가 삼세에 들어가서 모두 다 평등하며, 그 몸이 일체 세간에 충만하며, 그 음성이 시방국토에 널리 순응하셨다. 비유하면 허공이 온갖 물상들을 모두 품고 있되 모든 경계에 분별하는 바가 없는 것과 같고, 또 허공이 일체에 널리 두루하되 모든 국토에 평등하게 따라 들어가는 것과 같았다.

신 항 변 좌 일 체 도 량　　　보 살 중 중　　　위 광 혁
身恒徧坐一切道場하사 菩薩衆中에 威光赫

혁　　여 일 륜 출　　　조 명 세 계　　　삼 세 소 행　　　중
奕이 如日輪出하야 照明世界하며 三世所行의 衆

복 대 해　　실 이 청 정　　　이 항 시 생 제 불 국 토
福大海가 悉已清淨하며 而恒示生諸佛國土하시며

무 변 색 상　　원 만 광 명　　변 주 법 계　　　등 무 차
無邊色相과 圓滿光明이 徧周法界하야 等無差

별
別하시니라

연 일 체 법　　　여 포 대 운　　　일 일 모 단　　실
演一切法하사대 如布大雲하시며 一一毛端에 悉

능 용 수 일 체 세 계　　　이 무 장 애　　각 현 무 량
能容受一切世界하사대 而無障礙하야 各現無量

신 통 지 력　　교 화 조 복 일 체 중 생
神通之力하사 敎化調伏一切衆生하시니라

몸은 항상 일체 도량에 두루 앉아계셔서 보살 대중 가운데 위광이 혁혁하신 것이, 마치 해가 떠서 세계를 밝게 비추는 것과 같았다. 삼세에 수행하신 온갖 복의 큰 바다가 모두 이미 청정하였으며, 언제나 모든 불국토에 태어남을 보이시며, 가없는 색상과 원만한 광명이 법계에 두루해서 평등하여 차별이 없었다.

일체 법을 펴시는 것이 큰 구름이 펼쳐지는 것 같으며, 낱낱 털끝에 일체 세계를 다 능히 수용하되 장애가 없어서, 각각 한량없는 신통의 힘을 나타내어 일체 중생을 교화하고 조복하셨다.

신변시방　　이무래왕　　지입제상　　요
身徧十方하사대 而無來往하시며 智入諸相하야 了

법공적　　삼세제불　소유신변　어광명
法空寂하시며 三世諸佛의 所有神變을 於光明

중　미불함도　　일체불토　부사의겁　소
中에 靡不咸覩하시며 一切佛土의 不思議劫의 所

유장엄　실령현현
有莊嚴을 悉令顯現케하시니라

유십불세계미진수보살마하살　소공위요
有十佛世界微塵數菩薩摩訶薩의 所共圍遶하니

기명왈　보현보살마하살　　보덕최승등광조
其名日 普賢菩薩摩訶薩과 普德最勝燈光照

보살마하살　　보광사자당보살마하살　　보
菩薩摩訶薩과 普光師子幢菩薩摩訶薩과 普

몸이 시방에 두루하되 오고 가심이 없으며, 지혜는 모든 모양에 들어가서 법이 공적함을 요달하고, 삼세 모든 부처님의 신통 변화를 광명 가운데 다 보지 않음이 없으며, 일체 부처님 국토의 부사의한 겁의 장엄들을 다 나타나게 하셨다.

열 부처님 세계 티끌 수 보살마하살들이 함께 에워싸고 있었으니, 그 이름은 보현 보살마하살과 보덕최승등광조 보살마하살과 보광사자당 보살마하살과 보보염묘광 보살마하살과

보염묘광보살마하살　　보음공덕해당보살
寶燄妙光菩薩摩訶薩과　普音功德海幢菩薩

마하살　보지광조여래경보살마하살　　보보
摩訶薩과　普智光照如來境菩薩摩訶薩과　普寶

계화당보살마하살　　보각열의성보살마하
髻華幢菩薩摩訶薩과　普覺悅意聲菩薩摩訶

살　보청정무진복광보살마하살　　보광명
薩과　普淸淨無盡福光菩薩摩訶薩과　普光明

상보살마하살　해월광대명보살마하살　　운
相菩薩摩訶薩과　海月光大明菩薩摩訶薩과　雲

음해광무구장보살마하살　공덕보계지생
音海光無垢藏菩薩摩訶薩과　功德寶髻智生

보살마하살　　공덕자재왕대광보살마하살
菩薩摩訶薩과　功德自在王大光菩薩摩訶薩과

선용맹연화계보살마하살　　보지운일당보
善勇猛蓮華髻菩薩摩訶薩과　普智雲日幢菩

보음공덕해당 보살마하살과 보지광조여래경 보살마하살과 보보계화당 보살마하살과 보각열의성 보살마하살과 보청정무진복광 보살마하살과 보광명상 보살마하살과 해월광대명 보살마하살과 운음해광무구장 보살마하살과 공덕보계지생 보살마하살과 공덕자재왕대광 보살마하살과 선용맹연화계 보살마하살과 보지운일당 보살마하살과 대정진금강제 보살마하살과 향염광당 보살마하살과 대명덕심미음 보살마하살과 대복광지생 보살마하살들이었다. 이러한 이들이 상수가 되어 열 부처님 세계의 티끌 수가 있었다.

살마하살　　대정진금강제보살마하살　　향
薩摩訶薩과 大精進金剛臍菩薩摩訶薩과 香

염광당보살마하살　　대명덕심미음보살마
燄光幢菩薩摩訶薩과 大明德深美音菩薩摩

하살　대복광지생보살마하살　　여시등
訶薩과 大福光智生菩薩摩訶薩이라 如是等이

이위상수　　유십불세계미진수
而爲上首하야 有十佛世界微塵數하니라

차제보살　왕석　개여비로자나여래　공집
此諸菩薩이 往昔에 皆與毗盧遮那如來로 共集

선근　　수보살행　　개종여래선근해생
善根하야 修菩薩行하니 皆從如來善根海生이니라

이 모든 보살들은 지난 옛적에 다 비로자나 여래와 함께 선근을 모아서 보살행을 닦았으니, 다 여래의 선근바다에서 태어났다.

제 바라밀　　실이원만　　혜안명철　　등관
諸波羅蜜이　悉已圓滿하며　慧眼明徹하야　等觀

삼세　　어제삼매　　구족청정　　변재여
三世하고　於諸三昧에　具足清淨하니라　辯才如

해　　광대무진　　구불공덕　　존엄가경
海하야　廣大無盡하며　具佛功德하야　尊嚴可敬하며

지중생근　　여응화복　　입법계장　　지무
知衆生根하야　如應化伏하며　入法界藏하야　智無

차별　　증불해탈　　심심광대　　능수방편
差別하며　證佛解脫의　甚深廣大하며　能隨方便하야

입어일지　　이이일체　　원해소지　　항여지
入於一地하야　而以一切호대　願海所持로　恒與智

구　　진미래제
俱하야　盡未來際하니라

모든 바라밀이 다 이미 원만하였으며, 지혜의 눈이 밝게 사무쳐서 삼세를 평등하게 관찰하고, 모든 삼매에 구족하게 청정하였다. 변재가 바다와 같아서 광대하여 다함이 없으며, 부처님의 공덕을 갖추어서 존엄하여 공경할 만하며, 중생들의 근기를 알아서 알맞게 교화하고 조복하며, 법계장에 들어가서 지혜가 차별이 없으며, 부처님 해탈의 매우 깊고 광대함을 증득하였으며, 능히 방편을 따라 한 지위에 들어가 일체로써 하되 서원바다의 가지한 바로 언제나 지혜와 함께하여 미래제를 다하였다.

요달제불　　희유광대비밀지경　　　선지일체
了達諸佛의　希有廣大秘密之境하며　善知一切

불　　평등법　　　이천여래　　보광명지　　　입
佛의　平等法하며　已踐如來의　普光明地하며　入

어무량삼매해문　　어일체처　　개수현신
於無量三昧海門하며　於一切處에　皆隨現身하야

세법소행　　실동기사　　　총지광대　　　집중
世法所行에　悉同其事하고　摠持廣大하야　集衆

법해　　변재선교　　전불퇴륜
法海하고　辯才善巧로　轉不退輪하나라

일체여래　　공덕대해　　함입기신　　일체제
一切如來의　功德大海가　咸入其身하고　一切諸

불　　소재국토　　개수원왕　　　이증공양일체
佛의　所在國土에　皆隨願往하며　已曾供養一切

제불　　무변제겁　　환희무권　　　일체여
諸佛하야　無邊際劫에　歡喜無倦하고　一切如

모든 부처님의 희유하고 광대하고 비밀한 경계를 요달하며, 일체 부처님의 평등한 법을 잘 알며, 이미 여래의 넓은 광명의 지위를 밟고 한량없는 삼매바다의 문에 들어갔다. 일체 처에 다 따라 몸을 나타내어 세상의 법을 행함에 그 일을 다 함께하고, 총지가 광대하여 온갖 법바다를 모으고, 변재의 선교로 물러나지 않는 법륜을 굴렸다.

일체 여래의 공덕 큰 바다가 그 몸에 다 들어가고, 일체 모든 부처님 계시는 국토에 다 원을 따라 가며, 이미 일찍이 일체 모든 부처님께 공양하여, 끝없는 겁 동안 환희하여 게

래   득보리처   상재기중   친근불사   항
來의 得菩提處에 常在其中하야 親近不捨하고 恒

이소득보현원해   영일체중생   지신구
以所得普賢願海로 令一切衆生으로 智身具

족   성취여시무량공덕
足케하야 成就如是無量功德하니라

으름이 없었다. 일체 여래께서 보리를 얻으신 곳에 항상 그 가운데서 친근하여 떠나지 아니하고, 언제나 얻은 바 보현의 원력바다로써 일체 중생이 지혜의 몸을 구족하게 하였으니, 이와 같이 한량없는 공덕을 성취하였다.

부유불세계미진수집금강신　　소위묘색나
復有佛世界微塵數執金剛神하니 所謂妙色那

라연집금강신　일륜속질당집금강신　수
羅延執金剛神과 日輪速疾幢執金剛神과 須

미화광집금강신　청정운음집금강신　제
彌華光執金剛神과 清淨雲音執金剛神과 諸

근미묘집금강신　가애락광명집금강신
根美妙執金剛神과 可愛樂光明執金剛神과

대수뇌음집금강신　사자왕광명집금강신
大樹雷音執金剛神과 師子王光明執金剛神과

밀염승목집금강신　연화광마니계집금강
密燄勝目執金剛神과 蓮華光摩尼髻執金剛

신　여시등　이위상수　유불세계미진
神이라 如是等이 而爲上首하야 有佛世界微塵

수　개어왕석무량겁중　항발대원　원
數하니 皆於往昔無量劫中에 恒發大願하야 願

또 부처님 세계 티끌 수의 집금강신이 있었으니, 이른바 묘색나라연 집금강신과 일륜속질당 집금강신과 수미화광 집금강신과 청정운음 집금강신과 제근미묘 집금강신과 가애락광명 집금강신과 대수뇌음 집금강신과 사자왕광명 집금강신과 밀염승목 집금강신과 연화광마니계 집금강신들이었다.

이러한 이들이 상수가 되어 부처님 세계의 티끌 수가 있었다. 다 지난 옛적 한량없는 겁 동안 언제나 대원을 세워서 항상 모든 부처님을 친근하고 공양하기를 원하였으므로, 원을 따라 행한 바가 이미 원만함을 얻어서 피안에

상친근공양제불　　수원소행　　이득원만
常親近供養諸佛일새 隨願所行이 已得圓滿하야

도어피안　　적집무변청정복업　　어제삼
到於彼岸하며 積集無邊淸淨福業하고 於諸三

매소행지경　　실이명달　　획신통력　　수여
昧所行之境을 悉已明達하며 獲神通力하야 隨如

래주　　입부사의해탈경계　　처어중회
來住하고 入不思議解脫境界하며 處於衆會하야

위광특달　　수제중생　　소응현신　　이시
威光特達하며 隨諸衆生의 所應現身하야 而示

조복　　일체제불　　화형소재　　개수화왕
調伏하며 一切諸佛의 化形所在에 皆隨化往하며

일체여래　　소주지처　　상근수호
一切如來의 所住之處에 常勤守護하나라

이르렀다.

가없는 청정한 복업을 쌓고 모든 삼매로 행할 바의 경계를 다 이미 밝게 통달하였으며, 신통력을 얻어서 여래를 따라 머무르고, 부사의한 해탈의 경계에 들어갔다.

대중모임에 있어서 위광이 특히 뛰어나며, 모든 중생들에게 응할 바를 따라 몸을 나타내어 조복함을 보이며, 일체 모든 부처님께서 변화하신 형상이 있는 곳에 다 따라 변화해가며, 일체 여래의 머무시는 곳에서 항상 부지런히 수호하였다.

부유불세계미진수신중신　　소위화계장엄
復有佛世界微塵數身衆神하니 所謂華髻莊嚴

신중신　광조시방신중신　해음조복신중
身衆神과 光照十方身衆神과 海音調伏身衆

신　정화엄계신중신　무량위의신중신
神과 淨華嚴髻身衆神과 無量威儀身衆神과

최상광엄신중신　정광향운신중신　수호
最上光嚴身衆神과 淨光香雲身衆神과 守護

섭지신중신　보현섭취신중신　부동광명
攝持身衆神과 普現攝取身衆神과 不動光明

신중신　여시등　이위상수　유불세계
身衆神이라 如是等이 而爲上首하야 有佛世界

미진수　개어왕석　성취대원　공양승
微塵數하니 皆於往昔에 成就大願하야 供養承

사일체제불
事一切諸佛하니라

16

또 부처님 세계 티끌 수의 신중신이 있었으니, 이른바 화계장엄 신중신과 광조시방 신중신과 해음조복 신중신과 정화엄계 신중신과 무량위의 신중신과 최상광엄 신중신과 정광향운 신중신과 수호섭지 신중신과 보현섭취 신중신과 부동광명 신중신들이었다.

이러한 이들이 상수가 되어 부처님 세계의 티끌 수가 있었으니, 다 지난 옛적에 대원을 성취하여 일체 모든 부처님을 공양하고 받들어 섬겼다.

부유불세계미진수족행신　　소위보인수족
復有佛世界微塵數足行神하니 所謂寶印手足

행신　연화광족행신　청정화계족행신　섭
行神과 蓮華光足行神과 清淨華髻足行神과 攝

제선견족행신　묘보성당족행신　낙토묘음
諸善見足行神과 妙寶星幢足行神과 樂吐妙音

족행신　전단수광족행신　　연화광명족행
足行神과 栴檀樹光足行神과 蓮華光明足行

신　미묘광명족행신　적집묘화족행신
神과 微妙光明足行神과 積集妙華足行神이라

여시등　이위상수　　유불세계미진수　　개
如是等이 而爲上首하야 有佛世界微塵數하니 皆

어과거무량겁중　친근여래　수축불사
於過去無量劫中에 親近如來하야 隨逐不捨하니라

또 부처님 세계 티끌 수의 족행신이 있었으니, 이른바 보인수 족행신과 연화광 족행신과 청정화계 족행신과 섭제선견 족행신과 묘보성당 족행신과 낙토묘음 족행신과 전단수광 족행신과 연화광명 족행신과 미묘광명 족행신과 적집묘화 족행신들이었다.

이러한 이들이 상수가 되어 부처님 세계의 티끌 수가 있었으니, 모두 과거 한량없는 겁 동안 여래를 친근하여 따르고 떠나지 아니하였다.

부유불세계미진수도량신　　소위정장엄당
復有佛世界微塵數道場神하니　所謂淨莊嚴幢

도량신　수미보광도량신　　뇌음당상도량
道場神과　須彌寶光道場神과　雷音幢相道場

신　우화묘안도량신　　화영광계도량신
神과　雨華妙眼道場神과　華纓光髻道場神과

우보장엄도량신　　용맹향안도량신　　금
雨寶莊嚴道場神과　勇猛香眼道場神과　金

강채운도량신　　연화광명도량신　　묘광
剛彩雲道場神과　蓮華光明道場神과　妙光

조요도량신　여시등　이위상수　유불
照耀道場神이라　如是等이　而爲上首하야　有佛

세계미진수　개어과거　치무량불　성
世界微塵數하니　皆於過去에　值無量佛하야　成

취원력　광흥공양
就願力하야　廣興供養하니라

또 부처님 세계 티끌 수의 도량신이 있었으니, 이른바 정장엄당 도량신과 수미보광 도량신과 뇌음당상 도량신과 우화묘안 도량신과 화영광계 도량신과 우보장엄 도량신과 용맹향안 도량신과 금강채운 도량신과 연화광명 도량신과 묘광조요 도량신들이었다.

이러한 이들이 상수가 되어 부처님 세계의 티끌 수가 있었으니, 다 과거에 한량없는 부처님을 만나서 원력을 성취하여 널리 공양을 일으켰다.

부유불세계미진수주성신   소위보봉광
復有佛世界微塵數主城神하니 所謂寶峰光

요주성신   묘엄궁전주성신   청정희보주
耀主城神과 妙嚴宮殿主城神과 清淨喜寶主

성신   이우청정주성신   화등염안주성신
城神과 離憂清淨主城神과 華燈燄眼主城神과

염당명현주성신   성복광명주성신   청정
燄幢明現主城神과 盛福光明主城神과 清淨

광명주성신   향계장엄주성신   묘보광명
光明主城神과 香髻莊嚴主城神과 妙寶光明

주성신   여시등   이위상수   유불세계미
主城神이라 如是等이 而爲上首하야 有佛世界微

진수   개어무량부사의겁   엄정여래   소
塵數하니 皆於無量不思議劫에 嚴淨如來의 所

거궁전
居宮殿하니라

또 부처님 세계 티끌 수의 주성신이 있었으니, 이른바 보봉광요 주성신과 묘엄궁전 주성신과 청정희보 주성신과 이우청정 주성신과 화등염안 주성신과 염당명현 주성신과 성복광명 주성신과 청정광명 주성신과 향계장엄 주성신과 묘보광명 주성신들이었다.

이러한 이들이 상수가 되어 부처님 세계의 티끌 수가 있었으니, 다 한량없는 부사의겁 동안 여래께서 거처하시는 궁전을 깨끗이 장엄하였다.

부유불세계미진수주지신　소위보덕정화
復有佛世界微塵數主地神하니 所謂普德淨華

주지신　견복장엄주지신　묘화엄수주지
主地神과 堅福莊嚴主地神과 妙華嚴樹主地

신　보산중보주지신　정목관시주지신
神과 普散衆寶主地神과 淨目觀時主地神과

묘색승안주지신　향모발광주지신　열의
妙色勝眼主地神과 香毛發光主地神과 悅意

음성주지신　묘화선계주지신　금강엄체
音聲主地神과 妙華旋髻主地神과 金剛嚴體

주지신　여시등　이위상수　유불세계
主地神이라 如是等이 而爲上首하야 有佛世界

미진수　개어왕석　발심중원　원상친
微塵數하니 皆於往昔에 發深重願호대 願常親

근제불여래　동수복업
近諸佛如來하야 同修福業하니라

또 부처님 세계 티끌 수의 주지신이 있었으니, 이른바 보덕정화 주지신과 견복장엄 주지신과 묘화엄수 주지신과 보산중보 주지신과 정목관시 주지신과 묘색승안 주지신과 향모발광 주지신과 열의음성 주지신과 묘화선계 주지신과 금강엄체 주지신들이었다.

이러한 이들이 상수가 되어 부처님 세계의 티끌 수가 있었으니, 다 지난 옛적에 깊고 중대한 원을 세워 항상 모든 부처님 여래를 친근하여 같이 복업 닦기를 원하였다.

부유무량주산신　　소위보봉개화주산신
復有無量主山神하니 所謂寶峰開華主山神과

화림묘계주산신　　고당보조주산신　　이진정
華林妙髻主山神과 高幢普照主山神과 離塵淨

계주산신　　광조시방주산신　　대력광명주산
髻主山神과 光照十方主山神과 大力光明主山

신　　위광보승주산신　　미밀광륜주산신　　보
神과 威光普勝主山神과 微密光輪主山神과 普

안현견주산신　　금강밀안주산신　　여시
眼現見主山神과 金剛密眼主山神이라 如是

등　　이위상수　　기수무량　　개어제법　득
等이 而爲上首하야 其數無量하니 皆於諸法에 得

청정안
淸淨眼하니라

또 한량없는 주산신이 있었으니, 이른바 보봉개화 주산신과 화림묘계 주산신과 고당보조 주산신과 이진정계 주산신과 광조시방 주산신과 대력광명 주산신과 위광보승 주산신과 미밀광륜 주산신과 보안현견 주산신과 금강밀안 주산신들이었다.

이러한 이들이 상수가 되어 그 수가 한량없었으니, 다 모든 법에 청정한 눈을 얻었다.

부유불가사의수주림신 　　소위포화여운
復有不可思議數主林神하니 所謂布華如雲

주림신 　　탁간서광주림신 　　생아발요주림
主林神과 擢幹舒光主林神과 生芽發耀主林

신 　　길상정엽주림신 　　수포염장주림신
神과 吉祥淨葉主林神과 垂布燄藏主林神과

청정광명주림신 　　가의뇌음주림신 　　광향
淸淨光明主林神과 可意雷音主林神과 光香

보변주림신 　　묘광형요주림신 　　화과광미
普徧主林神과 妙光迴耀主林神과 華果光味

주림신 　　여시등 　　이위상수 　　부사의수
主林神이라 如是等이 而爲上首하야 不思議數니

개유무량가애광명
皆有無量可愛光明하니라

또 불가사의한 수의 주림신이 있었으니, 이른바 포화여운 주림신과 탁간서광 주림신과 생아발요 주림신과 길상정엽 주림신과 수포염장 주림신과 청정광명 주림신과 가의뇌음 주림신과 광향보변 주림신과 묘광형요 주림신과 화과광미 주림신들이었다.

이러한 이들이 상수가 되어 부사의한 수였으니, 다 한량없는 사랑스러운 광명을 지녔다.

부유무량주약신　　소위길상주약신　　전
復有無量主藥神하니 所謂吉祥主藥神과 栴

단림주약신　청정광명주약신　　명칭보문
檀林主藥神과 清淨光明主藥神과 名稱普聞

주약신　　모공광명주약신　　보치청정주약
主藥神과 毛孔光明主藥神과 普治清淨主藥

신　　대발후성주약신　　폐일광당주약신
神과 大發吼聲主藥神과 蔽日光幢主藥神과

명견시방주약신　익기명목주약신　　여시
明見十方主藥神과 益氣明目主藥神이라 如是

등　이위상수　　기수무량　　성개이구
等이 而爲上首하야 其數無量하니 性皆離垢하야

인자우물
仁慈祐物하니라

또 한량없는 주약신이 있었으니, 이른바 길상 주약신과 전단림 주약신과 청정광명 주약신과 명칭보문 주약신과 모공광명 주약신과 보치청정 주약신과 대발후성 주약신과 폐일광당 주약신과 명견시방 주약신과 익기명목 주약신들이었다.

이러한 이들이 상수가 되어 그 수가 한량없었으니, 성품이 다 때를 여의어서 인자하게 중생들을 도왔다.

부유무량주가신   소위유연승미주가신
復有無量主稼神하니 所謂柔輭勝味主稼神과

시화정광주가신   색력용건주가신   증장정
時華淨光主稼神과 色力勇健主稼神과 增長精

기주가신   보생근과주가신   묘엄환계주
氣主稼神과 普生根果主稼神과 妙嚴環髻主

가신   윤택정화주가신   성취묘향주가신
稼神과 潤澤淨華主稼神과 成就妙香主稼神과

견자애락주가신   이구정광주가신   여시
見者愛樂主稼神과 離垢淨光主稼神이라 如是

등   이위상수   기수무량   막불개득대희
等이 而爲上首하야 其數無量하니 莫不皆得大喜

성취
成就하니라

또 한량없는 주가신이 있었으니, 이른바 유연승미 주가신과 시화정광 주가신과 색력용건 주가신과 증장정기 주가신과 보생근과 주가신과 묘엄환계 주가신과 윤택정화 주가신과 성취묘향 주가신과 견자애락 주가신과 이구정광 주가신들이었다.

이러한 이들이 상수가 되어 그 수가 한량없었으니, 다 큰 기쁨을 성취하지 아니함이 없었다.

부유무량주하신　　소위보발신류주하신
復有無量主河神하니　所謂普發迅流主河神과

보결천간주하신　　이진정안주하신　　시방변
普潔泉澗主河神과　離塵淨眼主河神과　十方徧

후주하신　　구호중생주하신　　무열정광주
吼主河神과　救護衆生主河神과　無熱淨光主

하신　　보생환희주하신　　광덕승당주하신
河神과　普生歡喜主河神과　廣德勝幢主河神과

광조보세주하신　　해덕광명주하신　　여시
光照普世主河神과　海德光明主河神이라　如是

등　이위상수　　유무량수　　개근작의
等이　而爲上首하야　有無量數하니　皆勤作意하야

이익중생
利益衆生하니라

또 한량없는 주하신이 있었으니, 이른바 보발신류 주하신과 보결천간 주하신과 이진정안 주하신과 시방변후 주하신과 구호중생 주하신과 무열정광 주하신과 보생환희 주하신과 광덕승당 주하신과 광조보세 주하신과 해덕광명 주하신들이었다.

이러한 이들이 상수가 되어 한량없는 수가 있었으니, 다 부지런히 뜻을 내어 중생들을 이익하게 하였다.

부유무량주해신　　소위출현보광주해신
復有無量主海神하니 所謂出現寶光主海神과

성금강당주해신　　원진이구주해신　　보수
成金剛幢主海神과 遠塵離垢主海神과 普水

궁전주해신　　길상보월주해신　　묘화용계
宮殿主海神과 吉祥寶月主海神과 妙華龍髻

주해신　　보지광미주해신　　보염화광주해
主海神과 普持光味主海神과 寶燄華光主海

신　　금강묘계주해신　　해조뇌성주해신
神과 金剛妙髻主海神과 海潮雷聲主海神이라

여시등　　이위상수　　기수무량　　실이여
如是等이 而爲上首하야 其數無量하니 悉以如

래공덕대해　　충만기신
來功德大海로 充滿其身하니라

또 한량없는 주해신이 있었으니, 이른바 출현보광 주해신과 성금강당 주해신과 원진이구 주해신과 보수궁전 주해신과 길상보월 주해신과 묘화용계 주해신과 보지광미 주해신과 보염화광 주해신과 금강묘계 주해신과 해조뇌성 주해신들이었다.

이러한 이들이 상수가 되어 그 수가 한량없었으니, 다 여래의 공덕 큰 바다로 그 몸을 충만하게 하였다.

부유무량주수신　　소위보홍운당주수신
復有無量主水神하니 所謂普興雲幢主水神과

해조운음주수신　묘색륜계주수신　선교선
海潮雲音主水神과 妙色輪髻主水神과 善巧漩

복주수신　이구향적주수신　복교광음주
澓主水神과 離垢香積主水神과 福橋光音主

수신　지족자재주수신　정희선음주수신
水神과 知足自在主水神과 淨喜善音主水神과

보현위광주수신　후음변해주수신　　여시
普現威光主水神과 吼音徧海主水神이라 如是

등　이위상수　기수무량　상근구호일체
等이 而爲上首하야 其數無量하니 常勤救護一切

중생　이위이익
衆生하야 而爲利益하니라

또 한량없는 주수신이 있었으니, 이른바 보흥운당 주수신과 해조운음 주수신과 묘색륜계 주수신과 선교선복 주수신과 이구향적 주수신과 복교광음 주수신과 지족자재 주수신과 정희선음 주수신과 보현위광 주수신과 후음변해 주수신들이었다.

이러한 이들이 상수가 되어 그 수가 한량없었으니, 항상 부지런히 일체 중생을 구호하여 이익하게 하였다.

부유무수주화신　소위보광염장주화신　보
復有無數主火神하니 所謂普光燄藏主火神과 普

집광당주화신　대광보조주화신　중묘궁
集光幢主火神과 大光普照主火神과 衆妙宮

전주화신　무진광계주화신　종종염안주
殿主火神과 無盡光髻主火神과 種種燄眼主

화신　시방궁전여수미산주화신　위광자재
火神과 十方宮殿如須彌山主火神과 威光自在

주화신　광명파암주화신　뇌음전광주화
主火神과 光明破暗主火神과 雷音電光主火

신　여시등　이위상수　불가칭수　개능
神이라 如是等이 而爲上首하야 不可稱數니 皆能

시현종종광명　영제중생　열뇌제멸
示現種種光明하야 令諸衆生으로 熱惱除滅케하니라

또 무수한 주화신이 있었으니, 이른바 보광염장 주화신과 보집광당 주화신과 대광보조 주화신과 중묘궁전 주화신과 무진광계 주화신과 종종염안 주화신과 시방궁전여수미산 주화신과 위광자재 주화신과 광명파암 주화신과 뇌음전광 주화신들이었다.

이러한 이들이 상수가 되어 헤아릴 수 없었으니, 다 능히 갖가지 광명을 나타내 보여 모든 중생들이 뜨거운 번뇌를 제거하여 소멸하게 하였다.

부유무량주풍신　　소위무애광명주풍신
復有無量主風神하니 所謂無礙光明主風神과

보현용업주풍신　　표격운당주풍신　　정광
普現勇業主風神과 飄擊雲幢主風神과 淨光

장엄주풍신　　역능갈수주풍신　　대성변후
莊嚴主風神과 力能竭水主風神과 大聲徧吼

주풍신　　수초수계주풍신　　소행무애주풍
主風神과 樹杪垂髻主風神과 所行無礙主風

신　　종종궁전주풍신　　대광보조주풍신
神과 種種宮殿主風神과 大光普照主風神이라

여시등　　이위상수　　기수무량　　개근산
如是等이 而爲上首하야 其數無量하니 皆勤散

멸아만지심
滅我慢之心하니라

또 한량없는 주풍신이 있었으니, 이른바 무애광명 주풍신과 보현용업 주풍신과 표격운당 주풍신과 정광장엄 주풍신과 역능갈수 주풍신과 대성변후 주풍신과 수초수계 주풍신과 소행무애 주풍신과 종종궁전 주풍신과 대광보조 주풍신들이었다.

이러한 이들이 상수가 되어 그 수가 한량없었으니, 다 부지런히 아만심을 흩어서 소멸하였다.

부유무량주공신　　소위정광보조주공신
復有無量主空神하니　所謂淨光普照主空神과

보유심광주공신　　생길상풍주공신　　이장
普遊深廣主空神과　生吉祥風主空神과　離障

안주주공신　광보묘계주공신　무애광염
安住主空神과　廣步妙髻主空神과　無礙光燄

주공신　무애승력주공신　이구광명주공
主空神과　無礙勝力主空神과　離垢光明主空

신　심원묘음주공신　광변시방주공신
神과　深遠妙音主空神과　光徧十方主空神이라

여시등　이위상수　기수무량　심개이
如是等이　而爲上首하야　其數無量하니　心皆離

구　　광대명결
垢하야　廣大明潔하니라

또 한량없는 주공신이 있었으니, 이른바 정광보조 주공신과 보유심광 주공신과 생길상풍 주공신과 이장안주 주공신과 광보묘계 주공신과 무애광염 주공신과 무애승력 주공신과 이구광명 주공신과 심원묘음 주공신과 광변시방 주공신들이었다.

이러한 이들이 상수가 되어 그 수가 한량없었으니, 마음이 다 때를 여의어서 광대하고 밝고 깨끗하였다.

부유무량주방신　　소위변주일체주방신
復有無量主方神하니 所謂徧住一切主方神과

보현광명주방신　　광행장엄주방신　　주행
普現光明主方神과 光行莊嚴主方神과 周行

불애주방신　　영단미혹주방신　　보유정공
不礙主方神과 永斷迷惑主方神과 普遊淨空

주방신　　대운당음주방신　　계목무란주방
主方神과 大雲幢音主方神과 髻目無亂主方

신　　보관세업주방신　　주변유람주방신
神과 普觀世業主方神과 周徧遊覽主方神이라

여시등　　이위상수　　기수무량　　능이방
如是等이 而爲上首하야 其數無量하니 能以方

편　　보방광명　　항조시방　　상속부절
便으로 普放光明하야 恒照十方하야 相續不絶하니라

또 한량없는 주방신이 있었으니, 이른바 변주일체 주방신과 보현광명 주방신과 광행장엄 주방신과 주행불애 주방신과 영단미혹 주방신과 보유정공 주방신과 대운당음 주방신과 계목무란 주방신과 보관세업 주방신과 주변유람 주방신들이었다.

이러한 이들이 상수가 되어 그 수가 한량없었으니, 능히 방편으로 널리 광명을 놓아 언제나 시방을 비추어서 상속하여 끊어지지 아니하였다.

부유무량주야신　　소위보덕정광주야신
復有無量主夜神하니 所謂普德淨光主夜神과

희안관세주야신　　호세정기주야신　　적정
喜眼觀世主夜神과 護世精氣主夜神과 寂靜

해음주야신　　보현길상주야신　　보발수화
海音主夜神과 普現吉祥主夜神과 普發樹華

주야신　　평등호육주야신　　유희쾌락주야
主夜神과 平等護育主夜神과 遊戲快樂主夜

신　　제근상희주야신　　출생정복주야신
神과 諸根常喜主夜神과 出生淨福主夜神이라

여시등　　이위상수　　기수무량　　개근수
如是等이 而爲上首하야 其數無量하니 皆勤修

습　　이법위락
習하야 以法爲樂하니라

또 한량없는 주야신이 있었으니, 이른바 보덕정광 주야신과 희안관세 주야신과 호세정기 주야신과 적정해음 주야신과 보현길상 주야신과 보발수화 주야신과 평등호육 주야신과 유희쾌락 주야신과 제근상희 주야신과 출생정복 주야신들이었다.

이러한 이들이 상수가 되어 그 수가 한량없었으니, 다 부지런히 닦아 익혀 법으로써 즐거움을 삼았다.

부유무량주주신　　소위시현궁전주주신
復有無量主晝神하니 所謂示現宮殿主晝神과

발기혜향주주신　　낙승장엄주주신　　향
發起慧香主晝神과 樂勝莊嚴主晝神과 香

화묘광주주신　　보집묘약주주신　　낙작
華妙光主晝神과 普集妙藥主晝神과 樂作

희목주주신　　보현제방주주신　　대비광명
喜目主晝神과 普現諸方主晝神과 大悲光明

주주신　　선근광조주주신　　묘화영락주주
主晝神과 善根光照主晝神과 妙華瓔珞主晝

신　　여시등　　이위상수　　기수무량　　개
神이라 如是等이 而爲上首하야 其數無量하니 皆

어묘법　　능생신해　　항공정근　　엄식궁
於妙法에 能生信解하야 恒共精勤하야 嚴飾宮

전
殿하니라

또 한량없는 주주신이 있었으니, 이른바 시현궁전 주주신과 발기혜향 주주신과 낙승장엄 주주신과 향화묘광 주주신과 보집묘약 주주신과 낙작희목 주주신과 보현제방 주주신과 대비광명 주주신과 선근광조 주주신과 묘화영락 주주신들이었다.

이러한 이들이 상수가 되어 그 수가 한량없었으니, 다 미묘한 법에 능히 믿음과 이해를 내어서 언제나 함께 부지런히 정진하여 궁전을 장엄하게 꾸몄다.

부유무량아수라왕   소위라후아수라왕
復有無量阿脩羅王하니 所謂羅睺阿脩羅王과

비마질다라아수라왕   교환술아수라왕   대
毗摩質多羅阿脩羅王과 巧幻術阿脩羅王과 大

권속아수라왕   대력아수라왕   변조아수라
眷屬阿脩羅王과 大力阿脩羅王과 徧照阿脩羅

왕   견고행묘장엄아수라왕   광대인혜아수
王과 堅固行妙莊嚴阿脩羅王과 廣大因慧阿脩

라왕   출현승덕아수라왕   묘호음성아수
羅王과 出現勝德阿脩羅王과 妙好音聲阿脩

라왕   여시등   이위상수   기수무량
羅王이라 如是等이 而爲上首하야 其數無量하니

실이정근   최복아만   급제번뇌
悉已精勤하야 摧伏我慢과 及諸煩惱하니라

또 한량없는 아수라왕이 있었으니, 이른바 라후 아수라왕과 비마질다라 아수라왕과 교환술 아수라왕과 대권속 아수라왕과 대력 아수라왕과 변조 아수라왕과 견고행묘장엄 아수라왕과 광대인혜 아수라왕과 출현승덕 아수라왕과 묘호음성 아수라왕들이었다.

이러한 이들이 상수가 되어 그 수가 한량없었으니, 다 이미 부지런히 정진하여 아만과 모든 번뇌를 꺾어서 조복하였다.

부유불가사의수가루라왕　　소위대속질력
復有不可思議數迦樓羅王하니　所謂大速疾力

가루라왕　　무능괴보계가루라왕　　청정속
迦樓羅王과　無能壞寶髻迦樓羅王과　清淨速

질가루라왕　　심불퇴전가루라왕　　대해처
疾迦樓羅王과　心不退轉迦樓羅王과　大海處

섭지력가루라왕　　견고정광가루라왕　　교
攝持力迦樓羅王과　堅固淨光迦樓羅王과　巧

엄관계가루라왕　　보첩시현가루라왕　　보
嚴冠髻迦樓羅王과　普捷示現迦樓羅王과　普

관해가루라왕　　보음광목가루라왕　　여시
觀海迦樓羅王과　普音廣目迦樓羅王이라　如是

등　　이위상수　　부사의수　　실이성취대방
等이　而爲上首하야　不思議數니　悉已成就大方

편력　　선능구섭일체중생
便力하야　善能救攝一切衆生하니라

또 불가사의한 수의 가루라왕이 있었으니, 이른바 대속질력 가루라왕과 무능괴보계 가루라왕과 청정속질 가루라왕과 심불퇴전 가루라왕과 대해처섭지력 가루라왕과 견고정광 가루라왕과 교엄관계 가루라왕과 보첩시현 가루라왕과 보관해 가루라왕과 보음광목 가루라왕들이었다.

이러한 이들이 상수가 되어 부사의한 수였으니, 다 이미 큰 방편의 힘을 성취하여 일체 중생을 잘 구호하여 거두었다.

부유무량긴나라왕　　소위선혜광명천긴
復有無量緊那羅王하니 所謂善慧光明天緊

나라왕　묘화당긴나라왕　종종장엄긴
那羅王과 妙華幢緊那羅王과 種種莊嚴緊

나라왕　열의후성긴나라왕　보수광명긴
那羅王과 悅意吼聲緊那羅王과 寶樹光明緊

나라왕　견자흔락긴나라왕　최승광장엄
那羅王과 見者欣樂緊那羅王과 最勝光莊嚴

긴나라왕　미묘화당긴나라왕　동지력
緊那羅王과 微妙華幢緊那羅王과 動地力

긴나라왕　섭복악중긴나라왕　여시등
緊那羅王과 攝伏惡衆緊那羅王이라 如是等이

이위상수　기수무량　개근정진　관일
而爲上首하야 其數無量하니 皆勤精進하야 觀一

체법　심항쾌락　자재유희
切法에 心恒快樂하야 自在遊戲하니라

또 한량없는 긴나라왕이 있었으니, 이른바 선혜광명천 긴나라왕과 묘화당 긴나라왕과 종종장엄 긴나라왕과 열의후성 긴나라왕과 보수광명 긴나라왕과 견자흔락 긴나라왕과 최승광장엄 긴나라왕과 미묘화당 긴나라왕과 동지력 긴나라왕과 섭복악중 긴나라왕들이었다.

이러한 이들이 상수가 되어 그 수가 한량없었으니, 다 부지런히 정진하여 일체법을 관함에 마음이 언제나 쾌락하여 자재하게 유희하였다.

부유무량마후라가왕　　소위선혜마후라가
復有無量摩睺羅伽王하니 所謂善慧摩睺羅伽

왕　　청정위음마후라가왕　　승혜장엄계마
王과　清淨威音摩睺羅伽王과 勝慧莊嚴髻摩

후라가왕　　묘목주마후라가왕　　여등당위중
睺羅伽王과 妙目主摩睺羅伽王과 如燈幢爲衆

소귀마후라가왕　　최승광명당마후라가왕
所歸摩睺羅伽王과 最勝光明幢摩睺羅伽王과

사자억마후라가왕　　중묘장엄음마후라가
師子臆摩睺羅伽王과 衆妙莊嚴音摩睺羅伽

왕　　수미견고마후라가왕　　가애락광명마
王과　須彌堅固摩睺羅伽王과 可愛樂光明摩

후라가왕　　여시등　　이위상수　　기수무
睺羅伽王이라 如是等이 而爲上首하야 其數無

량　　개근수습광대방편　　영제중생　　영
量하니 皆勤修習廣大方便하야 令諸衆生으로 永

또 한량없는 마후라가왕이 있었으니, 이른바 선혜 마후라가왕과 청정위음 마후라가왕과 승혜장엄계 마후라가왕과 묘목주 마후라가왕과 여등당위중소귀 마후라가왕과 최승광명당 마후라가왕과 사자억 마후라가왕과 중묘장엄음 마후라가왕과 수미견고 마후라가왕과 가애락 광명 마후라가왕들이었다.

이러한 이들이 상수가 되어 그 수가 한량없었으니, 다 부지런히 광대한 방편을 닦아 익혀서 모든 중생들이 어리석음의 그물을 길이 끊게 하였다.

할 치 망
割癡網케하니라

부유무량야차왕   소위비사문야차왕   자
復有無量夜叉王하니 所謂毗沙門夜叉王과 自

재 음 야 차 왕   엄 지 기 장 야 차 왕   대 지 혜
在音夜叉王과 嚴持器仗夜叉王과 大智慧

야 차 왕   염 안 주 야 차 왕   금 강 안 야 차 왕
夜叉王과 燄眼主夜叉王과 金剛眼夜叉王과

용 건 비 야 차 왕   용 적 대 군 야 차 왕   부 자 재
勇健臂夜叉王과 勇敵大軍夜叉王과 富資財

야 차 왕   역 괴 고 산 야 차 왕   여 시 등   이 위
夜叉王과 力壞高山夜叉王이라 如是等이 而爲

상 수   기 수 무 량   개 근 수 호 일 체 중 생
上首하야 其數無量하니 皆勤守護一切衆生하니라

또 한량없는 야차왕이 있었으니, 이른바 비사문 야차왕과 자재음 야차왕과 엄지기장 야차왕과 대지혜 야차왕과 염안주 야차왕과 금강안 야차왕과 용건비 야차왕과 용적대군 야차왕과 부자재 야차왕과 역괴고산 야차왕들이었다.

이러한 이들이 상수가 되어 그 수가 한량없었으니, 다 부지런히 일체 중생을 수호하였다.

부유무량제대용왕   소위비루박차용왕
復有無量諸大龍王하니 所謂毗樓博叉龍王과

사갈라용왕   운음묘당용왕   염구해광용
娑竭羅龍王과 雲音妙幢龍王과 燄口海光龍

왕   보고운당용왕   덕차가용왕   무변보용
王과 普高雲幢龍王과 德叉迦龍王과 無邊步龍

왕   청정색용왕   보운대성용왕   무열뇌
王과 清淨色龍王과 普運大聲龍王과 無熱惱

용왕   여시등   이위상수   기수무량
龍王이라 如是等이 而爲上首하야 其數無量하니

막불근력흥운포우   영제중생   열뇌소
莫不勤力興雲布雨하야 令諸衆生으로 熱惱消

멸
滅케하니라

또 한량없는 모든 큰 용왕들이 있었으니, 이른바 비루박차 용왕과 사갈라 용왕과 운음묘당 용왕과 염구해광 용왕과 보고운당 용왕과 덕차가 용왕과 무변보 용왕과 청정색 용왕과 보운대성 용왕과 무열뇌 용왕들이었다.

이러한 이들이 상수가 되어 그 수가 한량없었으니, 부지런히 힘써 구름을 일으키고 비를 내려서 모든 중생들이 뜨거운 번뇌를 소멸하게 하지 않음이 없었다.

부유무량구반다왕　　　소위증장구반다왕
復有無量鳩槃茶王하니 所謂增長鳩槃茶王과

용주구반다왕　　　선장엄당구반다왕　　　보요
龍主鳩槃茶王과 善莊嚴幢鳩槃茶王과 普饒

익행구반다왕　　　심가포외구반다왕　　　미목
益行鳩槃茶王과 甚可怖畏鳩槃茶王과 美目

단엄구반다왕　　　고봉혜구반다왕　　　용건비
端嚴鳩槃茶王과 高峰慧鳩槃茶王과 勇健臂

구반다왕　　　무변정화안구반다왕　　　광대천
鳩槃茶王과 無邊淨華眼鳩槃茶王과 廣大天

면아수라안구반다왕　　　여시등　　　이위상
面阿脩羅眼鳩槃茶王이라 如是等이 而爲上

수　　　기수무량　　　개근수학무애법문　　　방
首하야 其數無量하니 皆勤修學無礙法門하야 放

대광명
大光明하니라

또 한량없는 구반다왕이 있었으니, 이른바 증장 구반다왕과 용주 구반다왕과 선장엄당 구반다왕과 보요익행 구반다왕과 심가포외 구반다왕과 미목단엄 구반다왕과 고봉혜 구반다왕과 용건비 구반다왕과 무변정화안 구반다왕과 광대천면아수라안 구반다왕들이었다.

이러한 이들이 상수가 되어 그 수가 한량없었으니, 다 부지런히 걸림 없는 법문을 수학하여 큰 광명을 놓았다.

부유무량건달바왕　　소위지국건달바왕
復有無量乾闥婆王하니 所謂持國乾闥婆王과

수광건달바왕　정목건달바왕　화관건달바
樹光乾闥婆王과 淨目乾闥婆王과 華冠乾闥婆

왕　보음건달바왕　낙요동묘목건달바왕
王과 普音乾闥婆王과 樂搖動妙目乾闥婆王과

묘음사자당건달바왕　　보방보광명건달
妙音師子幢乾闥婆王과 普放寶光明乾闥

바왕　금강수화당건달바왕　낙보현장엄
婆王과 金剛樹華幢乾闥婆王과 樂普現莊嚴

건달바왕　여시등　이위상수　기수무
乾闥婆王이라 如是等이 而爲上首하야 其數無

량　개어대법　심생신해　환희애중
量하니 皆於大法에 深生信解하야 歡喜愛重하야

근수불권
勤修不倦하니라

또 한량없는 건달바왕이 있었으니, 이른바 지국 건달바왕과 수광 건달바왕과 정목 건달바왕과 화관 건달바왕과 보음 건달바왕과 낙요동묘목 건달바왕과 묘음사자당 건달바왕과 보방보광명 건달바왕과 금강수화당 건달바왕과 낙보현장엄 건달바왕들이었다.

이러한 이들이 상수가 되어 그 수가 한량없었으니, 다 큰 법에 깊이 믿음과 이해를 내어서 환희하고 애중히 여겨 부지런히 닦아 게으르지 아니하였다.

부유무량월천자　　소위월천자　　화왕계광
復有無量月天子하니 所謂月天子와 華王髻光

명천자　　중묘정광명천자　　안락세간심천
明天子와 衆妙淨光明天子와 安樂世間心天

자　　수왕안광명천자　　시현청정광천자　　보
子와 樹王眼光明天子와 示現淸淨光天子와 普

유부동광천자　　성수왕자재천자　　정각월천
遊不動光天子와 星宿王自在天子와 淨覺月天

자　　대위덕광명천자　　여시등　　이위상수
子와 大威德光明天子라 如是等이 而爲上首하야

기수무량　　개근현발중생심보
其數無量하니 皆勤顯發衆生心寶하니라

또 한량없는 월천자가 있었으니, 이른바 월천자와 화왕계광명 천자와 중묘정광명 천자와 안락세간심 천자와 수왕안광명 천자와 시현청정광 천자와 보유부동광 천자와 성수왕자재 천자와 정각월 천자와 대위덕광명 천자들이었다.

이러한 이들이 상수가 되어 그 수가 한량없었으니, 다 부지런히 중생들의 마음보배를 나타내었다.

부유무량일천자　　소위일천자　　광염안천
復有無量日天子하니 所謂日天子와 光燄眼天

자　수미광가외경당천자　　이구보장엄천
子와 須彌光可畏敬幢天子와 離垢寶莊嚴天

자　용맹불퇴전천자　묘화영광명천자　최
子와 勇猛不退轉天子와 妙華纓光明天子와 最

승당광명천자　보계보광명천자　광명안천
勝幢光明天子와 寶髻普光明天子와 光明眼天

자　지승덕천자　보광명천자　여시등　이
子와 持勝德天子와 普光明天子라 如是等이 而

위상수　　기수무량　　개근수습　　이익중
爲上首하야 其數無量하니 皆勤修習하야 利益衆

생　증기선근
生하야 增其善根하나라

또 한량없는 일천자가 있었으니, 이른바 일천자와 광염안 천자와 수미광가외경당 천자와 이구보장엄 천자와 용맹불퇴전 천자와 묘화영광명 천자와 최승당광명 천자와 보계보광명 천자와 광명안 천자와 지승덕 천자와 보광명 천자들이었다.

이러한 이들이 상수가 되어 그 수가 한량없었으니, 다 부지런히 닦아 익혀서 중생들을 이익하게 하여 그 선근을 증장하였다.

부유무량삼십삼천왕　　　소위석가인다라천
復有無量三十三天王하니 所謂釋迦因陀羅天

왕　　보칭만음천왕　　자목보계천왕　　보광당
王과 普稱滿音天王과 慈目寶髻天王과 寶光幢

명칭천왕　　발생희락계천왕　　가애락정념천
名稱天王과 發生喜樂髻天王과 可愛樂正念天

왕　　수미승음천왕　　성취염천왕　　가애락정
王과 須彌勝音天王과 成就念天王과 可愛樂淨

화광천왕　　지일안천왕　　자재광명능각오천
華光天王과 智日眼天王과 自在光明能覺悟天

왕　　　여시등　　이위상수　　기수무량　　　개
王이라 如是等이 而爲上首하야 其數無量하니 皆

근발기일체세간광대지업
勤發起一切世間廣大之業하니라

또 한량없는 삼십삼천왕이 있었으니, 이른바 석가인다라 천왕과 보칭만음 천왕과 자목보계 천왕과 보광당명칭 천왕과 발생희락계 천왕과 가애락정념 천왕과 수미승음 천왕과 성취염 천왕과 가애락정화광 천왕과 지일안 천왕과 자재광명능각오 천왕들이었다.

이러한 이들이 상수가 되어 그 수가 한량없었으니, 다 부지런히 일체 세간의 광대한 업을 일으켰다.

부유무량수야마천왕　　소위선시분천왕
復有無量須夜摩天王하니 所謂善時分天王과

가애락광명천왕　　무진혜공덕당천왕　　선
可愛樂光明天王과 無盡慧功德幢天王과 善

변화단엄천왕　　총지대광명천왕　　부사의
變化端嚴天王과 摠持大光明天王과 不思議

지혜천왕　　윤제천왕　　광염천왕　　광조천
智慧天王과 輪臍天王과 光燄天王과 光照天

왕　　보관찰대명칭천왕　　여시등　　이위상
王과 普觀察大名稱天王이라 如是等이 而爲上

수　　기수무량　　개근수습광대선근　　심
首하야 其數無量하니 皆勤修習廣大善根하야 心

상희족
常喜足하니라

또 한량없는 수야마천왕이 있었으니, 이른바 선시분 천왕과 가애락광명 천왕과 무진혜공덕당 천왕과 선변화단엄 천왕과 총지대광명 천왕과 부사의지혜 천왕과 윤제 천왕과 광염 천왕과 광조 천왕과 보관찰대명칭 천왕들이었다.

이러한 이들이 상수가 되어 그 수가 한량없었으니, 다 부지런히 광대한 선근을 닦아 익혀서 마음이 항상 기쁘고 만족하였다.

부유불가사의수도솔타천왕　　소위지족천
復有不可思議數兜率陀天王하니 所謂知足天

왕　　희락해계천왕　　최승공덕당천왕　　적
王과 喜樂海髻天王과 最勝功德幢天王과 寂

정광천왕　　가애락묘목천왕　　보봉정월천
靜光天王과 可愛樂妙目天王과 寶峰淨月天

왕　　최승용건력천왕　　금강묘광명천왕
王과 最勝勇健力天王과 金剛妙光明天王과

성수장엄당천왕　　가애락장엄천왕　　여시
星宿莊嚴幢天王과 可愛樂莊嚴天王이라 如是

등　　이위상수　　부사의수　　개근념지일체
等이 而爲上首하야 不思議數니 皆勤念持一切

제불　　소유명호
諸佛의 所有名号하니라

또 불가사의한 수의 도솔타천왕이 있었으니,

이른바 지족 천왕과 희락해계 천왕과 최승공

덕당 천왕과 적정광 천왕과 가애락묘목 천왕

과 보봉정월 천왕과 최승용건력 천왕과 금강

묘광명 천왕과 성수장엄당 천왕과 가애락장엄

천왕들이었다.

이러한 이들이 상수가 되어 부사의한 수였

으니, 다 부지런히 일체 모든 부처님의 명호를

기억해 지니었다.

부유무량화락천왕　　소위선변화천왕
復有無量化樂天王하니 所謂善變化天王과

적정음광명천왕　　변화력광명천왕　　장엄
寂靜音光明天王과 變化力光明天王과 莊嚴

주천왕　　염광천왕　　최상운음천왕　　중묘
主天王과 念光天王과 最上雲音天王과 衆妙

최승광천왕　　묘계광명천왕　　성취희혜천
最勝光天王과 妙髻光明天王과 成就喜慧天

왕　　화광계천왕　　보견시방천왕　　여시등
王과 華光髻天王과 普見十方天王이라 如是等이

이위상수　　기수무량　　개근조복일체중
而爲上首하야 其數無量하니 皆勤調伏一切衆

생　　영득해탈
生하야 令得解脫케하니라

또 한량없는 화락천왕이 있었으니, 이른바 선변화 천왕과 적정음광명 천왕과 변화력광명 천왕과 장엄주 천왕과 염광 천왕과 최상운음 천왕과 중묘최승광 천왕과 묘계광명 천왕과 성취희혜 천왕과 화광계 천왕과 보견시방 천왕들이었다.

이러한 이들이 상수가 되어 그 수가 한량없었으니, 다 부지런히 일체 중생을 조복하여 해탈을 얻게 하였다.

부유무수타화자재천왕　　소위득자재천왕
復有無數他化自在天王하니 所謂得自在天王과

묘목주천왕　　묘관당천왕　　용맹혜천왕　　묘
妙目主天王과 妙冠幢天王과 勇猛慧天王과 妙

음구천왕　　묘광당천왕　　적정경계문천왕
音句天王과 妙光幢天王과 寂靜境界門天王과

묘륜장엄당천왕　　화예혜자재천왕　　인다
妙輪莊嚴幢天王과 華蘂慧自在天王과 因陀

라력묘장엄광명천왕　　여시등　　이위상
羅力妙莊嚴光明天王이라 如是等이 而爲上

수　　기수무량　　개근수습자재방편광대
首하야 其數無量하니 皆勤修習自在方便廣大

법문
法門하니라

또 무수한 타화자재천왕이 있었으니, 이른바 득자재 천왕과 묘목주 천왕과 묘관당 천왕과 용맹혜 천왕과 묘음구 천왕과 묘광당 천왕과 적정경계문 천왕과 묘륜장엄당 천왕과 화예혜 자재 천왕과 인다라력묘장엄광명 천왕들이었 다.

이러한 이들이 상수가 되어 그 수가 한량없 었으니, 다 부지런히 자재한 방편과 광대한 법 문을 닦아 익혔다.

부유불가수대범천왕 　　소위시기천왕 　　혜
復有不可數大梵天王하니 所謂尸棄天王과 慧

광천왕 　선혜광명천왕 　　보운음천왕 　　관세
光天王과 善慧光明天王과 普雲音天王과 觀世

언음자재천왕 　적정광명안천왕 　　광변시방
言音自在天王과 寂靜光明眼天王과 光徧十方

천왕 　변화음천왕 　　광명조요안천왕 　열의
天王과 變化音天王과 光明照耀眼天王과 悅意

해음천왕 　　여시등 　이위상수 　　불가칭수
海音天王이라 如是等이 而爲上首하야 不可稱數니

개구대자 　　연민중생 　　서광보조 　　영기
皆具大慈하야 憐愍衆生하며 舒光普照하야 令其

쾌락
快樂케하니라

또 셀 수 없는 대범천왕이 있었으니, 이른바 시기 천왕과 혜광 천왕과 선혜광명 천왕과 보운음 천왕과 관세언음자재 천왕과 적정광명안 천왕과 광변시방 천왕과 변화음 천왕과 광명조요안 천왕과 열의해음 천왕들이었다.

이러한 이들이 상수가 되어 헤아릴 수 없었으니, 다 큰 자애를 갖추어서 중생들을 불쌍히 여기며, 광명을 펴서 널리 비추어 그들로 하여금 쾌락하게 하였다.

부유무량광음천왕　　소위가애락광명천왕
復有無量光音天王하니 所謂可愛樂光明天王과

청정묘광천왕　　능자재음천왕　　최승념지
清淨妙光天王과 能自在音天王과 最勝念智

천왕　　가애락청정묘음천왕　　선사유음
天王과 可愛樂清淨妙音天王과 善思惟音

천왕　　보음변조천왕　　심심광음천왕　　무
天王과 普音徧照天王과 甚深光音天王과 無

구칭광명천왕　　최승정광천왕　　여시등
垢稱光明天王과 最勝淨光天王이라 如是等이

이위상수　　기수무량　　개주광대적정희
而爲上首하야 其數無量하니 皆住廣大寂靜喜

락무애법문
樂無礙法門하나라

또 한량없는 광음천왕이 있었으니, 이른바 가애락광명 천왕과 청정묘광 천왕과 능자재음 천왕과 최승념지 천왕과 가애락청정묘음 천왕과 선사유음 천왕과 보음변조 천왕과 심심광음 천왕과 무구칭광명 천왕과 최승정광 천왕들이었다.

이러한 이들이 상수가 되어 그 수가 한량없었으니, 다 광대하고 적정하며 기쁘고 즐거운 걸림 없는 법문에 머물렀다.

부유무량변정천왕　　소위청정명칭천왕
復有無量徧淨天王하니 所謂淸淨名稱天王과

최승견천왕　　적정덕천왕　　수미음천왕
最勝見天王과 寂靜德天王과 須彌音天王과

정념안천왕　　가애락최승광조천왕　　세간
淨念眼天王과 可愛樂最勝光照天王과 世閒

자재주천왕　　광염자재천왕　　낙사유법변
自在主天王과 光燄自在天王과 樂思惟法變

화천왕　　변화당천왕　　성수음묘장엄천왕
化天王과 變化幢天王과 星宿音妙莊嚴天王이라

여시등　　이위상수　　기수무량　　실이안주
如是等이 而爲上首하야 其數無量하니 悉已安住

광대법문　　어제세간　　근작이익
廣大法門하야 於諸世閒에 勤作利益하니라

또 한량없는 변정천왕이 있었으니, 이른바 청정명칭 천왕과 최승견 천왕과 적정덕 천왕과 수미음 천왕과 정념안 천왕과 가애락최승광조 천왕과 세간자재주 천왕과 광염자재 천왕과 낙사유법변화 천왕과 변화당 천왕과 성수음묘장엄 천왕들이었다.

이러한 이들이 상수가 되어 그 수가 한량없었으니, 다 이미 광대한 법문에 안주하여 모든 세간에 부지런히 이익을 지었다.

부유무량광과천왕　　소위애락법광명당천
復有無量廣果天王하니 所謂愛樂法光明幢天

왕　청정장엄해천왕　최승혜광명천왕　자
王과 清淨莊嚴海天王과 最勝慧光明天王과 自

재지혜당천왕　낙적정천왕　보지안천왕
在智慧幢天王과 樂寂靜天王과 普智眼天王과

낙선혜천왕　선종혜광명천왕　무구적정
樂旋慧天王과 善種慧光明天王과 無垢寂靜

광천왕　광대청정광천왕　여시등　이위
光天王과 廣大清淨光天王이라 如是等이 而爲

상수　　기수무량　막불개이적정지법
上首하야 其數無量하니 莫不皆以寂靜之法으로

이위궁전　안주기중
而爲宮殿하야 安住其中하니라

또 한량없는 광과천왕이 있었으니, 이른바 애락법광명당 천왕과 청정장엄해 천왕과 최승혜광명 천왕과 자재지혜당 천왕과 낙적정 천왕과 보지안 천왕과 낙선혜 천왕과 선종혜광명 천왕과 무구적정광 천왕과 광대청정광 천왕들이었다.

이러한 이들이 상수가 되어 그 수가 한량없었으니, 다 적정한 법으로 궁전을 삼아서 그 가운데 안주하지 않음이 없었다.

부유무수대자재천왕　소위묘염해천왕
復有無數大自在天王하니 所謂妙燄海天王과

자재명칭광천왕　청정공덕안천왕　가애락
自在名稱光天王과 淸淨功德眼天王과 可愛樂

대혜천왕　부동광자재천왕　묘장엄안천
大慧天王과 不動光自在天王과 妙莊嚴眼天

왕　선사유광명천왕　가애락대지천왕　보
王과 善思惟光明天王과 可愛樂大智天王과 普

음장엄당천왕　극정진명칭광천왕　여시
音莊嚴幢天王과 極精進名稱光天王이라 如是

등　이위상수　불가칭수　개근관찰무상
等이 而爲上首하야 不可稱數라 皆勤觀察無相

지법　소행평등
之法하야 所行平等하니라

53

〈大方廣佛華嚴經 卷第一〉

또 무수한 대자재천왕이 있었으니, 이른바 묘염해 천왕과 자재명칭광 천왕과 청정공덕안 천왕과 가애락대혜 천왕과 부동광자재 천왕과 묘장엄안 천왕과 선사유광명 천왕과 가애락대지 천왕과 보음장엄당 천왕과 극정진명칭광 천왕들이었다.

이러한 이들이 상수가 되어 헤아릴 수 없었으니, 다 부지런히 모양 없는 법을 관찰하여 행하는 바가 평등하였다.

⟨대방광불화엄경 제1권⟩

大方廣佛華嚴經

부록

・

대방광불화엄경 목차

・

간행사

대방광불화엄경
목차

〈제1회〉

제1권　제1품　세주묘엄품 [1]

제2권　제1품　세주묘엄품 [2]

제3권　제1품　세주묘엄품 [3]

제4권　제1품　세주묘엄품 [4]

제5권　제1품　세주묘엄품 [5]

제6권　제2품　여래현상품

제7권　제3품　보현삼매품

　　　　제4품　세계성취품

제8권　제5품　화장세계품 [1]

제9권　제5품　화장세계품 [2]

제10권　제5품　화장세계품 [3]

제11권　제6품　비로자나품

〈제2회〉

제12권　제7품　여래명호품

　　　　제8품　사성제품

제13권　제9품　광명각품

　　　　제10품　보살문명품

제14권　제11품　정행품

　　　　제12품　현수품 [1]

제15권　제12품　현수품 [2]

〈제3회〉

제16권　제13품　승수미산정품

　　　　제14품　수미정상게찬품

　　　　제15품　십주품

제17권　제16품　범행품

　　　　제17품　초발심공덕품

제18권　제18품　명법품

〈제4회〉

제19권 제19품 승야마천궁품

　　　　제20품 야마궁중게찬품

　　　　제21품 십행품 [1]

제20권 제21품 십행품 [2]

제21권 제22품 십무진장품

〈제5회〉

제22권 제23품 승도솔천궁품

제23권 제24품 도솔궁중게찬품

　　　　제25품 십회향품 [1]

제24권 제25품 십회향품 [2]

제25권 제25품 십회향품 [3]

제26권 제25품 십회향품 [4]

제27권 제25품 십회향품 [5]

제28권 제25품 십회향품 [6]

제29권 제25품 십회향품 [7]

제30권 제25품 십회향품 [8]

제31권 제25품 십회향품 [9]

제32권 제25품 십회향품 [10]

제33권 제25품 십회향품 [11]

〈제6회〉

제34권 제26품 십지품 [1]

제35권 제26품 십지품 [2]

제36권 제26품 십지품 [3]

제37권 제26품 십지품 [4]

제38권 제26품 십지품 [5]

제39권 제26품 십지품 [6]

〈제7회〉

제40권 제27품 십정품 [1]

제41권 제27품 십정품 [2]

제42권 제27품 십정품 [3]

제43권 제27품 십정품 [4]

제44권 제28품 십통품

　　　　제29품 십인품

제45권 제30품 아승지품

　　　　제31품 수량품

　　　　제32품 제보살주처품

제46권 제33품 불부사의법품 [1]

제47권 제33품 불부사의법품 [2]

제48권　제34품　여래십신상해품

　　　　제35품　여래수호광명공덕품

제49권　제36품　보현행품

제50권　제37품　여래출현품 [1]

제51권　제37품　여래출현품 [2]

제52권　제37품　여래출현품 [3]

〈제8회〉

제53권　제38품　이세간품 [1]

제54권　제38품　이세간품 [2]

제55권　제38품　이세간품 [3]

제56권　제38품　이세간품 [4]

제57권　제38품　이세간품 [5]

제58권　제38품　이세간품 [6]

제59권　제38품　이세간품 [7]

〈제9회〉

제60권　제39품　입법계품 [1]

제61권　제39품　입법계품 [2]

제62권　제39품　입법계품 [3]

제63권　제39품　입법계품 [4]

제64권　제39품　입법계품 [5]

제65권　제39품　입법계품 [6]

제66권　제39품　입법계품 [7]

제67권　제39품　입법계품 [8]

제68권　제39품　입법계품 [9]

제69권　제39품　입법계품 [10]

제70권　제39품　입법계품 [11]

제71권　제39품　입법계품 [12]

제72권　제39품　입법계품 [13]

제73권　제39품　입법계품 [14]

제74권　제39품　입법계품 [15]

제75권　제39품　입법계품 [16]

제76권　제39품　입법계품 [17]

제77권　제39품　입법계품 [18]

제78권　제39품　입법계품 [19]

제79권　제39품　입법계품 [20]

제80권　제39품　입법계품 [21]

간 행 사

　귀의삼보 하옵고,

『대방광불화엄경』의 수지 독송과 유통을 발원하면서 수미정사 불전연구원에서 『독송본 한문·한글역 대방광불화엄경』과 『사경본 한글역 대방광불화엄경』을 편찬하여 간행하게 되었습니다.

『화엄경』은 우리나라에 전래된 이래 일찍부터 사경되고 주석·강설되어 왔으며 근현대에 이르러서는 『화엄경』의 한글 번역과 연구도 부쩍 많이 이루어졌습니다. 그만큼 『화엄경』이 우리 불자님들의 신행과 해탈에 큰 의지처가 되었던 것임을 알 수 있습니다.

『화엄경』을 독송하고 사경하는 공덕은 설법 공덕과 함께 크게 강조되어 왔습니다. 그리하여 수미정사 불전연구원에서도 『화엄경』(80권)을 독송하고 사경하는 데 도움이 되도록 한문 원문과 한글역을 함께 수록한 독송본과 한글역의 사경본 『화엄경』 간행불사를 발원하였습니다. 이 『화엄경』 간행불사에 뜻을 같이하여 적극 후원해주신 스님들과 재가 불자님들께 깊이 감사드립니다. 또한 『화엄경』을 수지 독송할 수 있도록 경책의 모습으로 장엄해 주신 편집위원들과 담앤북스 출판사 관계자들께도 고마움을 표합니다.

　끝으로 이 불사의 원만 회향으로 『화엄경』이 널리 유통되고, 온 법계에 부처님의 가피가 충만하시길 기원드립니다.

　나무 대방광불화엄경

불기 2564년 '부처님오신날'을 봉축하며
수미해주 합장

위태천신(동진보살)

수미해주 須彌海住

동국대학교 명예교수
중앙승가대학교 법인이사
대한불교조계종 수미정사 주지

독송본 한문 · 한글역

대방광불화엄경 제1권

| **초판 1쇄 발행_** 2020년 8월 24일

| **엮은이_** 수미해주
| **엮은곳_** 수미정사 불전연구원
| **편집위원_** 해주 수정 경진 선초 정천 석도 박보람 최원섭
| **편집보_** 동건 무이 무진 김지예

| **펴낸이_** 오세룡
| **펴낸곳_** 담앤북스
　　　　　서울특별시 종로구 새문안로3길 23 경희궁의 아침 4단지 805호
　　　　　대표전화 02)765-1251 전송 02)764-1251 전자우편 damnbooks@hanmail.net
　　　　　출판등록 제300-2011-115호
| ISBN_ 979-11-6201-238-3　04220

정가 15,000원
ⓒ 수미해주 2020